AF359931

LES DEUX COUSINS

DRAME

LES DEUX COUSINS

DRAME

TIRÉ DE BERQUIN

<table>
<tr><td align="center">PLANCY
Société de Saint-Victor pour
les bons livres
ARRAS
Rue Ernestale, n° 289</td><td align="center">PARIS
Sagnier et Bray, rue des
Saints-Pères, 64
AMIENS
Rue de Noyon, 47</td></tr>
</table>

1853

PROPRIÉTÉ

Plancy. typ. de la Société — J. Cottin. imp

LES DEUX COUSINS

PERSONNAGES

—

M. DE VALCOURT.

RODOLPHE, son fils aîné.

CHARLES, son fils cadet.

FRÉDÉRIC, son neveu.

THÉODORE, frère de Frédéric.

UN DOMESTIQUE.

PÉTREL, ancien cocher.

La scène est dans un appartement du château de
M. de Valcourt.

DEUX COUSINS

SCÈNE PREMIÈRE

M. DE VALCOURT

Voilà ce que l'on gagne à se charger des enfants d'autrui! Ce Frédéric, comme je l'aimais! Il m'était, je crois, plus cher que mes propres fils; et le vaurien me joue de ces tours! Comment a-t-il pu changer à ce point de ce qu'il annonçait dans l'enfance! C'était une bonté de cœur, un feu, une gaîté! le courage d'un lion et la candeur d'un agneau! On ne pouvait se défendre de l'aimer. Ah! qu'il ne reparaisse plus devant mes yeux! Je ne veux plus entendre parler de lui.

SCÈNE II

M. DE VALCOURT, THÉODORE

THÉODORE

Vous m'avez fait appeler, mon cher oncle? Me voici.

M. DE VALCOURT

J'ai de jolies nouvelles à te donner de ton coquin de frère.

THÉODORE (*pâlissant*)

De Frédéric?

M. DE VALCOURT

Tiens, lis cette lettre de Rodolphe, ou plutôt, je vais te la lire moi-même. (*Il lit.*)

« Mon cher papa,

« J'ai bien du chagrin de n'avoir que des choses si désagréables à vous annoncer ; mais il vaut encore mieux que vous les appreniez de moi que d'un autre. Notre cher Frédéric.... »

Oh ! oui, il mérite bien à présent ce nom d'amitié.

« Notre cher Frédéric mène une mauvaise conduite. Il y a quelques jours qu'il a vendu sa montre, et, ce qui est encore pis, la plupart de ses livres de classe et de prières. Je vais vous dire comment je l'ai su. Un bouquiniste qui nous apporte des livres de rencontre vint l'autre jour m'offrir un *Exercice du Chrétien*. Je le reconnais aussitôt pour celui de Frédéric ; son nom était griffonné sur le titre. Je l'achetai six sous ; mais je

n'en dis rien, pour que cela ne lui fît pas de tort
parmi nos camarades. Je me contentai de le porter au préfet, qui fit venir le bouquiniste, et lui
demanda de qui il tenait ce livre. Le bouquiniste
avoua qu'il l'avait acheté de mon cousin. Frédéric
ne put le nier, et il dit qu'il l'avait vendu, parce
qu'il avait besoin d'argent, et qu'en attendant qu'il
pût en acheter un autre, il avait emprunté celui
d'un de ses amis qui en avait deux. Le préfet voulut savoir ce qu'il avait fait de cet argent. Frédéric le lui déclara; mais je le soupçonne de
n'avoir fait qu'un mensonge. Ah! ah! dis-je en
moi-même, il faut savoir s'il ne s'est pas aussi
défait de quelques-unes de ses nippes. Je pensai
d'abord à la montre que vous lui avez donnée pour
ses étrennes, afin qu'il sût un peu le compte de
son temps, dont il ne s'occupait guère, comme
vous devez vous en souvenir. Je le priai de me dire
l'heure qu'il était. Il fut embarrassé, et il me répondit que sa montre était chez l'horloger. J'y allai
sur-le-champ pour m'en éclaircir. Il n'y avait pas
un mot de vrai. Je lui fis des représentations en
bon cousin. Il me répliqua que cela ne me regar-
dait point, et que sa montre était beaucoup mieux
où il l'avait mise que dans son gousset; qu'il n'a-
vait plus besoin de savoir l'heure pour ce qu'il avait
à faire. Qui sait encore ce qu'il aura fait de pis?
car on ne peut pas tout deviner »

Eh bien! que dis-tu de cela, Théodore?

THÉODORE

Mon cher oncle, je vous avoue que je suis aussi mécontent que vous de mon frère. Cependant. .

M. DE VALCOURT

Un peu de patience. Ce n'est pas tout. Voici le plus beau de l'histoire. (*Il lit.*)

« Écoutez un peu ce qu'il a fait depuis. Avant-hier après-midi, il sortit sans permission, et le soir il n'était pas encore de retour. On sonne le souper, il ne se trouve point au réfectoire. Enfin, il passe toute la nuit dehors, et ne rentre que le lendemain au matin. Vous pouvez imaginer comme il fut reçu. On lui demanda où il était allé. Il avait forgé d'avance toutes ses menteries. Mais quand même tout ce qu'il a dit, serait vrai ... Au reste, il doit paraître ce soir à l'assemblée générale des maîtres du collége ; et si on lui fait justice, il sera renvoyé. Ce qui m'afflige le plus, c'est son ingra-titude pour vos bontés, la honte dont il nous couvre, et le train de vie qu'il prend. Je ne puis me per-suader qu'il n'ait pas menti en disant l'endroit où il a passé la nuit. Il menace maintenant de s'échap-per pour se rendre chez vous.... »

Oui, oui, qu'il y vienne ! qu'il mette seulement le pied sur le seuil de ma porte, il verra ce qui lui en arrivera. Théodore, ne t'avise pas de me

dire un mot en sa faveur. On peut le mettre en
prison, le renvoyer, le chasser, tout cela m'est égal;
je ne m'informe plus de lui. Il n'a qu'à se rendre
dans un port de mer, se faire mousse, et s'embar-
quer pour les Grandes-Indes. Je l'ai regardé trop
long-temps comme mon fils.

THÉODORE

Oui, mon cher oncle, vous nous avez tenu lieu
de père; et nos parents mêmes n'auraient pas eu
plus de soins et de bontés pour nous.

M. DE VALCOURT

Je l'ai fait avec plaisir, et je n'en ai aucun mérite; votre pauvre mère, pendant mes voyages, en a
fait autant pour mes enfants. Ainsi, c'était pour
moi un devoir sacré. Je ne m'en étais jamais
repenti jusqu'à ce jour; mais....

THÉODORE

Ah! si mon frère a pu s'oublier un moment,
ce n'est que par la fougue de son caractère. Vous
l'avez eu longtemps sous vos yeux. Lorsqu'il avait
commis une faute, son repentir, et le regret de
vous avoir fâché, étaient plus grands que son of-
fense.

M. DE VALCOURT

Et aussi combien lui ai-je pardonné d'étourde-
ries! Lorsqu'il s'est brûlé les sourcils et les cheveux
avec ses pétards; lorsqu'il a cassé, par la fenêtre,
un grand miroir chez notre voisin; lorsqu'il s'est
laissé tomber dans un bourbier avec un habit tout
neuf, lorsqu'il a conduit ma plus belle voiture
dans les fossés du château, ne lui ai-je pas fait
grâce de tout cela? J'attribuais ces équipées à une
pétulance qui n'annonçait pas encore de mauvais
naturel; mais vendre sa montre et ses livres, passer la nuit hors de sa pension, se révolter contre
ses maîtres....

THÉODORE

Mon cher oncle, ayez d'abord la bonté d'entendre ce qu'il peut dire pour sa justification.

M. DE VALCOURT

L'entendre! Dieu me préserve seulement de le
voir!

THÉODORE

Non, vous ne pourrez jamais prendre cette du-
reté sur votre cœur.

M. DE VALCOURT

Tu vas voir si cela me sera difficile.

THÉODORE

Vous voudrez donc me laisser croire que vous
n'aimez plus la mémoire de votre sœur ; que vous
ne m'aimez plus moi-même ?

M. DE VALCOURT

Toi, je n'ai rien à te reprocher. Aussi les fautes
de ton frère ne changeront rien de mes sentiments
à ton égard. Mais si tu m'aimes, ne me tourmente
plus de tes supplications.

THÉODORE

Comment pourrais-je vivre heureux, en voyant
mon frère dans votre disgrâce ?

M. DE VALCOURT

Il l'a trop méritée ! Pourquoi ne pas dire ce
qu'il a fait de l'argent, et où il est allé courir ?

THÉODORE

Il paraît, par la lettre même, qu'il en a fait l'a-
veu. C'est Rodolphe qui ne veut pas y croire. Ah!
mon cher oncle!...

M. DE VALCOURT (*un peu attendri*)

Eh bien ! je veux encore faire un effort pour
toi. J'attendrai la lettre du directeur

SCÈNE III

M. DE VALCOURT, THÉODORE, UN DOMESTIQUE

M. DE VALCOURT

Que me veux-tu?

LE DOMESTIQUE

Un messager demande à vous parler.

M. DE VALCOURT

Qu'est-ce qu'il m'apporte?

LE DOMESTIQUE

Une let're du collége. (*Le domestique lui remet la lettre.*)

M. DE VALCOURT

Bon! voici ce que j'attendais. C'est du directeur; je reconnais sa main. Où est le messager! qu'il attende ma réponse.

LE DOMESTIQUE

Voulez-vous que je le fasse monter?

M. DE VALCOURT

Non, je descends. Je veux m'instruire de sa bouche. (*Il sort ; Théodore veut le suivre. Le domestique lui fait signe de rester.*)

SCÈNE IV

THÉODORE, LE DOMESTIQUE

LE DOMESTIQUE

Écoutez, monsieur Théodore.

THÉODORE

Qu'avez-vous à me dire?

LE DOMESTIQUE

Monsieur votre frère est ici.

THÉODORE

Mon frère?

LE DOMESTIQUE

S'il n'est pas encore arrivé, il n'est pas bien loin.

THÉODORE

De qui le savez vous?

LE DOMESTIQUE

Du messager, qui l'a rencontré sur la route.
Ah ! monsieur, qu'a donc fait M. Frédéric ?

THÉODORE

Rien qui soit indigne de lui. Ne l'en croyez pas
capable.

LE DOMESTIQUE

Oh ! c'est aussi ce que je pensais ! nous l'ai-
mions tous, et nous aurions tous donné pour lui
jusqu'à notre vie. Il nous récompensait du moin-
dre service que nous pouvions lui rendre. Il faisait notre paix avec votre oncle, lorsqu'il était en
colère contre nous. Il était le protecteur de tous
les malheureux du village. Comment donc son directeur a-t-il pu se fâcher contre lui ? Ah ! je le vois,
on aura voulu le punir pour quelque espièglerie ;
et lui qui est un brave jeune homme ne se laisse
pas traiter cavalièrement.

THÉODORE

Où le messager l'a-t-il trouvé ?

LE DOMESTIQUE

Près du village. Il dormait entre des saules sur
le bord d'un ruisseau.

THÉODORE

Mon pauvre frère !

LE DOMESTIQUE

Le messager a attendu qu'il se réveillât. Vous devez penser combien M. Frédéric a été surpris en le voyant. Il s'est imaginé que cet homme avait été mis à ses trousses pour le ramener ; et il lui a dit qu'il se ferait mettre en pièces plutôt que de le suivre.

THÉODORE

Je le reconnais bien à ce ton ferme et résolu.

LE DOMESTIQUE

Le messager lui a protesté qu'il avait tant d'amitié pour lui, que, dût-il en recevoir des reproches, dût-il même en perdre son emploi, il ne voudrait pas le chagriner. Il lui a dit le sujet de son message, et lui a rapporté les propos qu'on tenait sur son compte.

THÉODORE

Et quel parti mon frère a-t-il pris ?

LE DOMESTIQUE

Quoiqu'il fût harassé de fatigue, il s'est mis

en marche avec le messager, et ils ont fait route ensemble jusqu'à la lisière du bois. M. Frédéric s'y est jeté pour aller se cacher dans l'ermitage : il y attend le retour du messager, pour savoir comment votre oncle aura pris les choses.

THÉODORE

Oh! si je pouvais lui parler!

LE DOMESTIQUE

Il le désire autant que vous.

THÉODORE

Mon oncle tourne souvent de ce côté sa promenade. S'il allait le rencontrer dans son premier feu! Mon ami, courez lui dire qu'il aille se tapir dans la grange, derrière les bottes de foin. J'irai le trouver aussitôt que mon oncle sera sorti.

LE DOMESTIQUE

Soyez tranquille. Je vais l'y conduire moi-même, et l'aider à se cacher. (*Il sort.*)

SCÈNE V

THÉODORE (*seul*)

Que de chagrins il me cause sans cesse! et je ne puis m'empêcher de l'aimer.

SCÈNE VI

CHARLES, THÉODORE

THÉODORE

Ah! mon cousin, que j'avais d'impatience de t'entretenir! Hélas! je n'ai cependant que de mauvaises nouvelles à t'apprendre.

CHARLES

Je les sais toutes. Papa vient de me donner à lire la lettre de mon frère. Celle du directeur a redoublé sa colère contre Frédéric.

THÉODORE

Je ne sais par où m'y prendre pour le justifier.

CHARLES

Je parierais qu'il est innocent; tu connais ce hypocrite de Rodolphe? Il fait toutes les fautes, et sait les mettre adroitement sur le compte d'autrui. Ce n'est pas d'aujourd'hui qu'il cherche à perdre ton frère dans l'esprit de papa Je vois, par sa lettre même, qu'il est un traître, et que Frédéric est tout au plus un étourdi.

THÉODORE

Quelle douce consolation me donne ton amitié ! Oui, mon frère est bon, franc, cordial, généreux, sans défiance ; mais il est pétulant et inconsidéré. Il est opiniâtre dans ses idées, et ne ménage pas assez ceux qui ne le traitent pas à sa fantaisie.

CHARLES

Et Rodolphe est envieux, dissimulé, flatteur. C'est un chat qui fait patte de velours, et qui donne ensuite son coup de griffe au moment où vous comptez sur son amitié. Que je donnerais mon frère, pour le tien. Le pis est que Frédéric ne soit pas ici.

THÉODORE

Et s'il y était ?

CHARLES

Oh ! où est il donc ? J'y cours : je meurs d'envie de le voir.

THÉODORE

Chut, je crois entendre mon oncle qui gronde.

CHARLES

Tu es le frère de Frédéric, il est juste que tu le voies le premier. Je vais rester ici avec papa, pour chercher à l'adoucir. Toi, cours auprè du pauvre fugitif, et porte-lui quelques paroles d'espérance.

THÉODORE

Oui, et une bonne mercuriale aussi, je t'assure ; car il la mérite de toutes façons. (*Il sort.*)

SCÈNE VII

M. DE VALCOURT, CHARLES

M. DE VALCOURT

Je suis si en colère contre ce drôle, que je n'ai pas été en état d'écrire pour renvoyer le messager. Il peut aussi bien ne partir que demain au matin. Tâchons de me remettre un peu.

CHARLES

Quoi ! papa, vous êtes toujours fâché contre mon pauvre cousin ? est-ce donc un si grand crime qu'il a commis ?

M. DE VALCOURT

Il te sied bien vraiment de l'excuser : je vois que tu n'as pas une meilleure tête que lui, et que tu aurais peut-être fait pis à sa place. Vous avez cependant l'un et l'autre un bon exemple sous les yeux.

CHARLES

Et qui donc?

M. DE VALCOURT

Mon brave Rodolphe.

CHARLES

Ah, oui ! mon frère est un garçon bien vrai, bien généreux ! C'est un digne modèle !

M. DE VALCOURT

Je sais que Théodore et toi vous lui en avez toujours voulu. Moi-même, j'avais pris des préventions contre lui. Mais le directeur m'en rend aujourd'hui de si bons témoignages....

CHARLES

Eh ! mon Dieu ! ses précepteurs ne vous accablaient-ils pas ici de ses louanges? On sait qu'il est né d'un homme riche, et on espère toujours attraper des présents d'un père, en le flattant sur son fils.

M. DE VALCOURT

Je veux bien qu'on m'ait un peu flatté sur son compte; mais au moins ne m'a-t-il pas joué un seul tour, comme Frédéric m'en a joué mille, depuis son enfance

CHARLES

Ses tours ne portaient de préjudice à personne ;
ils ne faisaient tort qu'à lui-même.

M. DE VALCOURT

Tu me mettrais en fureur. Il ne s'est fait tort
qu'à lui-même, n'est-ce pas, en précipitant dans
les fossés ma plus belle voiture ? Une voiture dorée
toute neuve, qui venait de me coûter six mille
francs !

CHARLES

Ce n'est qu'un trait d'étourderie, bien excu-
sable à son âge. Pétrel essayait cette voiture ;
Frédéric le tourmenta si fort pour monter sur le
siége, qu'il le prit avec lui, Lorsqu'ils eurent fait
quelque pas, le fouet tombe ; Pétrel descend pour
le ramasser. Les chevaux sentent leurs rênes dans
une main plus faible, ils s'emportent. Heureuse-
ment l'avant-train se détache, et il n'y a que la
voiture qui en ait souffert.

M. DE VALCOURT

Ce n'est pas assez, peut-être ? Et qui, de cette
aventure, est plus à plaindre que moi ?

CHARLES

Frédéric, qui en a eu la tête toute fracassée, et surtout le pauvre Pétrel, qui a perdu son service.

M. DE VALCOURT

Ah! je ne puis y penser sans frémir encore de colère! Cette belle équipée m'a coûté plus de cent louis.

CHARLES

Et combien de regrets elle a coûtés à Frédéric! Il ne se consolera jamais d'avoir été cause de la disgrâce de Pétrel.

M. DE VALCOURT

Deux bons vauriens à mettre ensemble! J'admire toujours que tu choisisses les plus mauvais garnements pour plaider leur cause.

CHARLES

Mais au moins....

M. DE VALCOURT

Tais-toi. Tu m'importunes de tes sornettes. Je veux sortir pour aller prendre le frais. Va chercher Théodore, et vous viendrez me trouver. *(Il sort et laisse son chapeau.)*

SCÈNE VIII

CHARLES (*seul*)

J'aurai bien de la peine à le faire revenir. Ne désespérons de rien cependant. Il n'est méchant que dans ses paroles.

SCÈNE IX

CHARLES, THÉODORE

THÉODORE (*présentant son nez à la porte entr'ouverte*)

Bst?

CHARLES

Eh bien?

THÉODORE

Mon oncle est-il dehors?

CHARLES

Il vient de sortir. Et Frédéric?

THÉODORE

Il nous attend sur l'escalier dérobé.

CHARLES

Fais le monter dans notre chambre.

THÉODORE

Il faut s'en garder. Justine y est.

CHARLES

Faisons-le entrer ici. Personne n'y vient, lorsque papa est dehors.

THÉODORE

Tu as raison. Il nous sera plus facile de le
faire esquiver au besoin. Attends, je vais le faire
monter.

SCENE X

CHARLES (*seul*)

Que je suis curieux de l'entendre raconter son
histoire! J'aurai aussi bien du plaisir a le voir. Il
y a plus d'un an qu'il nous a quittés. Je l'entends.
(*Il va jusqu'à la porte à sa rencontre.*)

SCENE XI

CHARLES, THÉODORE, FRÉDÉRIC

CHARLES (*l'embrassant*)

Ah! mon cher cousin!

THÉODORE

Il mérite bien ces caresses pour les chagrins qu'il nous cause !

CHARLES (*lui tendant la main*)

Je le vois, tout est oublié.

FRÉDÉRIC

Mon cher cousin, je te trouve toujours le même? Tu n'as jamais été si sévère pour moi que Théodore.

THÉODORE

Si je l'étais autant que votre oncle, va...

FRÉDÉRIC

Avant toutes choses, que dit-il? Est-il vrai qu'il soit si fort en colère contre moi?

THÉODORE

S'il savait que nous te cachons ici, nous n'aurions rien de mieux à faire que de vider la maison et de courir les champs.

CHARLES

Oh oui! garde-toi bien de te présenter à ses yeux.

FRÉDÉRIC

Que peut donc lui avoir écrit le directeur?

THÉODORE

Un beau panégyrique sur tes fredaines.

CHARLES

Mon frère en avait déjà touché quelque chose par la poste d'hier.

FRÉDÉRIC

Quoi! Rodolphe a écrit? Je n'ai donc plus besoin de justification. Il sait aussi bien que moi comment les choses se sont passées. Je lui ai tout confié.

CHARLES

Il n'y aurait qu'à te juger sur sa lettre!

FRÉDÉRIC

Je veux être puni, si je ne suis pas innocent.

THÉODORE

Ce n'est rien dire.

FRÉDÉRIC

Et vous avez pu me croire coupable? Quel est donc mon crime? d'avoir vendu ma montre?

THÉODORE

N'est-ce rien que cela ? et qui sait encore si tes chemises, tes habits...?

FRÉDÉRIC

Il est vrai. J'aurais tout vendu si j'avais eu besoin de plus d'argent.

THÉODORE

Voilà une belle manière de te défendre ! Et passer les nuits hors de ta pension ?

FRÉDÉRIC

Une nuit, mon frère.

THÉODORE

Et te révolter contre un juste châtiment ?

FRÉDÉRIC

Dis contre un outrage que je n'avais pas mérité. Quand je m'y serais soumis, j'aurais toujours conservé dans l'esprit de mon oncle la tache d'une faute. Et si on m'avait chassé, je n'aurais jamais reparu devant vous.

CHARLES

Mais, mon ami, que peux-tu dire pour ta défense? Il faut bien que nous en soyons instruits, pour te blanchir aux yeux de papa.

FRÉDÉRIC

Voici. Il y a quelques jours qu'on nous parla d'une foire dans le prochain village. Le directeur nous donna la permission d'y aller pour nous divertir, et pour voir les curiosités qu'on y montre.

THÉODORE

Ah ! c'est donc en oranges et en pralines que tu as mangé ta montre et ton *Exercice du Chrétien?* ou bien à voir les singes et les marmottes?

FRÉDÉRIC

Si tu as du goût pour toutes ces choses, tu peux croire qu'on puisse y dépenser son argent. Non, ce n'est pas cela. J'avais soif, et j'entrai dans une auberge, où l'on vendait de la bière.

THÉODORE

Mais, c'est encore pis.

FRÉDÉRIC

En vérité, tu es bien cruel. Laisse-moi donc achever. Tandis que j'étais assis....

CHARLES (*prêtant l'oreille vers la porte*)

Nous sommes perdus ! papa ! Je l'entends

THÉODORE

Sauve-toi ! sauve-toi !

FRÉDÉRIC

Non, je veux attendre mon oncle pour me jeter
à ses pieds.

CHARLES

Non, mon ami ! il n'est pas en état de t'entendre. Par pitié pour nous !

FRÉDÉRIC

Tu le veux ?

CHARLES

Oui, laisse-moi gouverner tes affaires. (*Il le
pousse vers la porte de l'escalier dérobé, la ferme
et revient.*)

SCÈNE XII

M. DE VALCOURT, CHARLES, THÉODORE

CHARLES

Eh bien ! papa, vous voilà déjà de retour de votre
promenade ?

M. DE VALCOURT

Je cherche mon maudit chapeau. Je ne sais où je l'ai laissé.

THÉODORE *(cherchant des yeux)*

Tenez, tenez, le voici. (*Il le lui présente.*)

M. DE VALCOURT

Tu ne pouvais pas avoir la pensée de me le porter?

THÉODORE

Il faut que je sois aveugle, pour ne l'avoir pas vu.

CHARLES

Qui peut penser à tout?

M. DE VALCOURT

Effectivement, il y a tant de choses qui t'occupent!

CHARLES

C'est que le pauvre Frédéric m'est revenu dans la tête.

M. DE VALCOURT

N'entendrai-je jamais que ce nom siffler à mes oreilles?

CHARLES

Eh bien ! papa, n'en parlons plus. Ne voudriez-vous pas aller continuer votre promenade avant le serein ?

M. DE VALCOURT

Non, je ne veux plus sortir. (*Charles et Théodore se regardent d'un air mécontent.*) Il est trop tard. Aussi bien on vient de me dire que mon ancien cocher est en bas, et qu'il veut me parler.

CHARLES ET THÉODORE
Pétrel ?
M. DE VALCOURT

Quelque dommage qu'il m'ait causé, le mal est fait, et il en a été assez puni. Je veux savoir ce qu'il a à me dire.

CHARLES

Il pourrait bien attendre que vous fussiez revenu de votre promenade.

M. DE VALCOURT

Non, non : j'en serai plus tôt débarrassé. Dans le fond... (*Charles et Théodore se parlent en secret. A Charles.*) Lorsque votre père, (*à Théodore.*) lorsque votre oncle vous parle, il me semble que vous devriez l'écouter. Dans le fond.... (*Théodore veut s'esquiver.)* Où allez-vous, Théodore ?

THÉODORE (*embarrassé*)

C'est que j'ai besoin de descendre.

M. DE VALCOURT

Eh bien ! dites à Pétrel de monter. (*Théodore sort.*)

SCENE XIII

M. DE VALCOURT, CHARLES

M. DE VALCOURT

Dans le fond, ce pauvre homme me fait pitié. Je n'ai jamais eu de si bon cocher. On aurait pu se mirer sur le poil de mes chevaux, et il n'allait pas boire leur avoine au cabaret.

CHARLES

Ah ! si vous l'aviez gardé, vous auriez épargné bien des chagrins au pauvre Frédéric.

M. DE VALCOURT

Ne m'en parle plus. C'est lui qui est cause que j'ai renvoyé Pétrel, et que je me trouve à présent sans cocher; car celui-là m'a dégoûté de tous les autres. Je ne trouverai jamais à le remplacer.

SCENE XIV

M. DE VALCOURT, CHARLES, PÉTREL

THÉODORE

Mon cher oncle, voici Pétrel.

PÉTREL

Je vous demande pardon, monsieur; mais je ne puis croire que vous soyez toujours en colère contre moi. Ne trouvez pas mauvais que j'aie pris la liberté de paraître devant vous en traversant le village, pour vous prier de me donner un bon certificat.

M. DE VALCOURT

Est-ce que je ne t'en ai pas donné?

PÉTREL

Je n'en ai pas eu d'autre que....« Tiens, voilà ton argent; sors à l'instant du château, et ne te présente jamais à mes yeux. » Vous ne me laissâtes pas le temps de vous demander une attestation en forme plus gracieuse.

M. DE VALCOURT

C'est que tu ne méritais pas qu'on fît plus de cérémonie ; car il m'en a coûté ma plus belle voiture. Plût à Dieu que Frédéric s'y fût aussi tordu le cou !

PÉTREL

Que voulez-vous, monsieur ? Un cocher n'a de tête qu'avec son fouet, et le mien m'était échappé. Je serai plus prudent à l'avenir.

M. DE VALCOURT

Allons, tout est oublié. Comment fais-tu pour vivre ?

PÉTREL

Ah ! mon cher maître, depuis que je suis hors de chez vous, je n'ai pas eu un bon moment. Vous savez qu'en sortant d'ici, j'entrai chez M. le major de Braffort. Oh, quel homme ! il ne savait parler que la canne levée. Que Dieu lui fasse paix !

M. DE VALCOURT

Il est donc mort ?

PÉTREL

Oui, au grand contentement de ses soldats. Il ne me donnait jamais ses ordres qu'en jurant

comme un Turc. Pleine mesure d'avoine à ses chevaux et force coups de bâton, mais peu de pain
à ses gens.

CHARLES

Ah ! mon pauvre Pétrel, pourquoi demeurais-
tu à son service ?

PÉTREL

Où serais-je allé ? Ce qui me retenait encore,
c'est que ma femme trouvait de l'emploi dans la
maison, à blanchir et à raccommoder le linge. Elle
gagnait au moins à demi de quoi nourrir nos enfants. Tout le monde tremblait devant M. le major :
il n'y eut que la mort qui le fit trembler, et qui
le terrassa. Maintenant je n'ai plus de condition,
et je ne sais où donner de la tête.

M. DE VALCOURT

Mais tu sais que je ne laisse mourir personne
de faim, et encore moins un ancien domestique.

PÉTREL

Ah ! je le pensais toujours ! mais vos terribles
paroles « Ne te présente jamais à mes yeux », elles
résonnaient sans cesse comme un tonnerre à mon
oreille. Dix des plus gros jurements de M. le major ne m'auraient pas fait tant de peur.

CHARLES

Et tu n'as pas trouvé de maître depuis ce temps ?

PÉTREL

Oh ! mon cher monsieur, ce n'est pas ici comme à Paris. Dans ce village et tous les environs, les gens sont si pauvres, qu'ils ont plus besoin de leur avoine pour eux-mêmes que pour leurs chevaux. Je me louais à la journée pour les travaux des champs, ma femme tourmentait sa quenouille, et mes enfants allaient demandant l'aumône. Mais nous gagnions tous ensemble si peu à cela, que nous étions hors d'état de payer, à la fin de la semaine, le loyer d'un grabat dans un recoin de grenier. Bientôt nous n'eûmes plus que la terre sous nous, et le ciel par-dessus. Ma pauvre femme en est morte de mal et de chagrin. (*Il s'essuie les yeux.*)

M. LE VALCOURT

Tu l'as mérité. Que ne venais-tu chercher du secours auprès de moi ?

CHARLES (*à Théodore*)

Voilà papa qui se remontre. Bon augure pour Frédéric !

PÉTREL

Ah ! monsieur, quelle femme c'était ! Jamais on

n'a su tenir un ménage comme elle. Lorsque je
rentrais le soir sans avoir un sou, et que je croyais
être obligé de me coucher avec la faim, je trou-
vais qu'elle n'avait mangé que la moitié de son pain
pour me garder l'autre. Quand j'écumais de rage
comme un possédé, et que je voulais tout briser
autour de moi, elle savait me rendre au bon Dieu,
et me refaire honnête homme. A présent elle est
morte, et je ne peux la ressusciter. C'est de là que
mon véritable malheur commence, et Dieu sait
quand il finira.

THÉODORE

Ah! mon pauvre Pétrel!

PÉTREL

Il n'y avait plus à espérer de trouver condition
dans le pays. Je partis un beau soir. Je chargeai
ma fille sur mes épaules, et je pris mon garçon
par la main. Nous marchâmes une grande partie
de la nuit, et nous passâmes le reste à dormir dans
la forêt. Le lendemain au matin, à la pointe du
jour, nous étions à la porte d'un village. Par bonheur la foire s'y tenait ce jour-là. Je gagnai quelque argent à porter des paquets. Mais écoutez bien,
monsieur, un ange, un ange du ciel, M. Frédéric....

M. DE VALCOURT

Un ange, Frédéric! ce garnement! (Charles

et Théodore se prennent par la main, et s'appro-
chent de Pétrel d'un air de curiosité et de joie, en
s'écriant ensemble.) Frédéric? Frédéric?

PÉTREL

Oui; mon cher maître; maltraitez-moi si vous
voulez, mais non ce brave et généreux enfant.
J'aimerais mieux me voir foulé sous vos pieds.

THÉODORE

Oh! conte-nous, conte-nous, Pétrel!

PÉTREL

Ma petite Louison alla demander l'aumône à la
porte d'une auberge. M. Rodolphe et M. Frédéric
y étaient assis à une table, avec une bouteille de
bière à leur côté.

M. DE VALCOURT

Ah! voilà de jolies inclinations! dans un cabaret!

THÉODORE

Mon oncle, c'est qu'ils avaient besoin de se rafraîchir.

M. DE VALCOURT

Qu'avaient-ils à faire dans ce village?

CHARLES

Ils étaient allés voir la foire. Rodolphe y était aussi?

PÉTREL

M. Frédéric reconnut aussitôt ma fille, et se leva de table, malgré tout ce que son compagnon put lui dire. Il fit avaler un verre de bière à la pauvre Louison, la prit par la main, la conduisit dehors, et se fit raconter, en peu de mots, notre misère. Alors il lui ordonna de le mener où j'étais. Il me trouva dans la rue voisine, puisant de l'eau dans mon chapeau à une fontaine, pour me rafraîchir de la grande chaleur. Je crus que je deviendrais fou de joie quand je le vis. Tout sale et tout déguenillé que j'étais, je le pris dans mes bras devant tout le monde, et on craignait que je ne l'étouffasse, tant je le pressais contre mon cœur. Ah! je sentis qu'il me serrait bien aussi de son côté. Enfin, comme nous étions environnés d'une grande foule, il me dit de le conduire dans un endroit où nous fussions seuls, et je le menai dans une grange où j'avais déja retenu mon coucher.

CHARLES

Ah! papa, je parierais...

M. DE VALCOURT

Silence. Eh bien! Pétrel?

PÉTREL

Je lui racontai tout ce que je vous ai dit. Le brave enfant se mit à pleurer et à se désoler. Ce serait à moi, s'écriait-il, de mendier pour vous : je suis la cause de votre malheur. Mais je ne dormirai pas sans vous avoir secouru. Prenez, prenez, Pétrel, tout ce que j'ai sur moi, dit-il en fouillant dans ses poches. Je ne voulais pas le recevoir, il se fâcha. Je lui dis que c'était apparemment de l'argent qu'on lui avait donné pour s'amuser; que j'étais accoutumé à souffrir. Il trépigna des pieds, et je pense qu'il m'aurait battu, si je n'avais pris sa bourse.

M. DE VALCOURT

Et combien y avait-il?

PÉTREL

Près de six francs. Il ne voulut en garder que six sous. — Il ne sera pas dit, continua-t-il, qu'un brave domestique de mon oncle, qui n'a ni volé, ni assassiné, soit obligé, dans ses vieux jours, d'aller mendier avec ses enfants, et qu'il n'ait pas un gîte assuré. Mettez-vous dans une petite chambre. Avant qu'il soit trois jours, je reviens à vous, et je vous porterai des secours, jusqu'à ce que j'aie écrit à mon oncle. Nous l'avons tous deux mis en colère contre nous; mais il est trop bon et trop généreux pour vous abandonner à votre mi-sère.

M. DE VALCOURT

Est-il bien vrai qu'il ait dit cela?

PÉTREL

Voulez-vous que j'en jure, mon maître?

CHARLES

Va, va, nous t'en croyons assez. Achève ton récit.

PÉTREL

Que faites-vous de vos enfants, me dit-il en caressa t Guillot? Ce que j'en fais, lui répondis-je, ils courent les chemins, portant des fleurs et des balais de plume à vendre, et quand personne n'en veut acheter, ils demandent l'aumône. Cela n'est pas bien, reprit-il. Ils ne deviendraient, à ce métier, que des libertins et des paresseux. Il faut que vous fassiez apprendre un métier au petit gar-çon, et que vous placiez votre fille chez d'honnêtes gens.

CHARLES

Frédéric avait bien raison, papa.

PÉTREL

Oui, lui dis-je : mais comment aller présenter des enfants avec ces haillons ? Si j'avais seulement une vingtaine d'écus, je trouverais bien à m'en débarrasser. Il y a ici un tisserand qui occupe de petites mains, et qui prendrait mon Guillot en apprentissage, si je pouvais lui donner dix écus d'avance. Une jardinière se chargerait aussi de Louison, pour aller vendre des fleurs, si j'avais de quoi lui donner un cotillon. Je pourrais alors me présenter chez des gens riches pour avoir du service, et je ne serais pas réduit à rôder comme un fainéant.

M. DE VALCOURT

Et que te répondit Frédéric ?

PÉTREL

Rien, monsieur. Il s'en alla ; mais deux jours après, il était déjà de retour. Où est le tisserand qui veut prendre votre fils en apprentissage ? menez-moi chez lui. Je l'y conduisis, et il lui parla en secret. Et la jardinière qui se charge de Louison ? menez-moi chez elle. Je l'y conduisis aussi.

Il me laissa à la porte, alla parler à cette femme, dans son jardin, me reprit ensuite sans dire mot, et nous sortîmes. A cent pas de là, il s'arrête, et me dit, en me sautant au cou : Bon Pétrel, soyez tranquille pour vos enfants. Il m'ordonna ensuite d'aller chez un fripier, dont il me montra de loin la boutique. Il lui avait déjà payé cette redingote que vous me voyez... N'ai-je pas l'air d'un prince là-dessous?

CHARLES

O mon brave cousin ! le bon Frédéric !

M. DE VALCOURT (s'essuyant tantôt un œil, tantôt l'autre)

Je vois maintenant où la montre s'en est allée.

PÉTREL

Ce n'est pas tout, monsieur. Ne le surpris-je pas à me glisser de l'argent dans la poche? Je voulus absolument le lui rendre, en lui disant qu'il n'avait déjà fait que trop de choses pour moi. Mais si jamais je l'ai vu se mettre en colère, c'est dans ce moment. Il m'assura que c'était vous, monsieur, qui le lui aviez envoyé pour me le donner. Comme je voulais courir ici pour me jeter à vos pieds, il me dit que vous vouliez faire semblant de n'en rien savoir. Ah! dis-je en moi-même, ce M. de Valcourt est si bon maître! peut-être qu'il me reprendrait! Cependant je n'osais pas venir, puisque M. Frédéric me l'avait défendu.

M. DE VALCOURT

O mon Frédéric! mon cher Frédéric! tu as donc toujours ce cœur noble et généreux que je t'ai vu dès l'enfance!

CHARLES (à *Pétrel*)

Et qui t'a enfin décidé à reparaître devant mon oncle?

PÉTREL

On n'a pas voulu recevoir mon Guillot sans son extrait de baptême. Il fallait venir le demander au curé. En entrant dans le village, comme si M. Frédéric m'avait porté bonheur, j'appris que M. le comte de Vienne avait besoin d'un cocher. J'allai me présenter à lui, et il me promit de me prendre à son service, si je lui apportais un bon certificat de mon dernier maître. Je ne pouvais pas aller dans l'autre monde en demander un à M. le major; je me suis hasardé, en tremblant, à m'adresser à vous. Peut-être refuserez-vous de me le donner; mais j'aurai toujours gagné de vous faire mes remerciments pour les secours que vous avez bien voulu me faire passer par les mains de M. Frédéric.

M. DE VALCOURT

Non, Pétrel, tu ne les dois qu'à lui seul. C'est lui qui s'est dépouillé pour te couvrir. Mais il te doit aussi le retour de mon amitié. De quel malheur tu le sauves! Sans toi, j'étais si en colère contre lui, que je l'aurais banni pour jamais de ma présence.

PÉTREL

Que dites-vous, monsieur? Ah! je serais l'homme de la terre le plus heureux! Il m'aurait tiré de peine, et je l'en aurais tiré à mon tour!

M DE VALCOURT

Ce maudit coquin de Rodolphe l'avait presque chassé de mon cœur. Comment pouvais-je m'en rapporter à ce fripon, qui m'en a si souvent imposé? Mais le directeur! le directeur!

CHARLES

Eh! papa! c'est qu'il l'aura trompé comme vous.

M. DE VALCOURT

Mais, mon Dieu! on m'écrit que Frédéric s'est échappé. Si le désespoir allait le prendre! s'il lui arrivait quelque malheur!

PÉTREL

Un cheval ! Je vous le ramènerai quand il serait au bout du monde. (*Il veut courir.*)

THÉODORE (*le retenant*)

Est-il bien vrai, mon cher oncle, que vous lui pardonneriez ?

M. DE VALCOURT

Ah ! quand il aurait vendu tous ses habits ! quand il reviendrait nu comme la main ! (*Théodore fait un signe à Charles, et sort en courant.*)

CHARLES

Et s'il était ici, papa ?

M. DE VALCOURT

Ici ? Quelqu'un l'a-t-il vu ? Où est-il ?

PÉTREL

Ah ! s'il était ici ! j'irais donner de la tête là haut contre le plancher.

CHARLES

Eh ! papa, le voyez-vous ?

SCENE XV

M. DE VALCOURT, FRÉDÉRIC, THÉODORE, CHARLES, PÉTREL

Frédéric se précipite aux pieds de son oncle. Pétrel se jette contre terre à son côté, passe un bras sous les genoux de M. de Valcourt, et l'autre autour de Frédéric, leur baise les mains et les habits, et fait des éclats extravagants de joie. Charles et Théodore s'embrassent en pleurant.)

FRÉDÉRIC

Ah! mon oncle! mon oncle! me pardonnez-vous?

M. DE VALCOURT (*d'une voix étouffée*)

Te pardonner! Ah! tu mérites que je t'aime mille fois plus qu'auparavant, que je ne me sépare jamais de toi.

FRÉDÉRIC

Oui, mon oncle, jamais, jamais. (*Il se retourne, se jette sur Pétrel, et se suspend d'un bras à son cou.*) Ah! si vous aviez vu la misère de ce pauvre homme et de ses enfants! si vous aviez été, comme moi, la cause de leur malheur!

PÉTREL

C'est moi! Pourquoi vous laisser grimper sur mon siége et vous livrer des chevaux fringants? Mais qui pouvait vous refuser quelque chose? Non, quand la voiture aurait dû me passer sur le corps.

M. DE VALCOURT

Que ne m'instruisais-tu de tout cela, au lieu de vendre ta montre, tes livres et peut-être tes habits? C'est toujours une imprudence à un enfant comme toi, qui ne connaît pas le prix des choses.

FRÉDÉRIC

C'est vrai. Mais chaque moment de plus que je laissais souffrir cette famille, il me semblait commettre un assassinat. Et puis, comme vous aviez chassé Pétrel, dans votre colère, je craignais que vous ne me fissiez défense de le secourir, et que, par ma désobéissance à vos ordres exprès, je ne me rendisse plus coupable.

M. DE VALCOURT

Tu m'aurais donc alors désobéi?

FRÉDÉRIC

Oui, mon oncle; mais en cela seulement.

M. DE VALCOURT

Embrasse-moi, brave Frédéric.... Cependant j'ai encore sur le cœur un article de la lettre, qui dit que tu as découché une nuit. Où l'as-tu donc passée?

FRÉDÉRIC

C'était le jour que je portais l'argent à Pétrel. Le directeur n'était pas à la pension, et je savais que la porte serait fermée le soir à dix heures. Je croyais être de retour auparavant ; j'y aurais été, si je ne me fusse égaré dans les ténèbres.

THÉODORE

Mon pauvre frère, où as-tu donc couché?

FRÉDÉRIC

Je trouvai une masure abandonnée; je m'y étendis sur une grande pierre, et jamais je n'ai si bien dormi. J'étais si content d'avoir soulagé Pétrel !

CHARLES

Ah! méchant Rodolphe ! Il s'est bien gardé de nous apprendre toutes ces choses ; il les savait pourtant.

M. DE VALCOURT

Dès ce moment je lui retire ma tendresse : et toi seul....

FRÉDÉRIC

Non mon oncle, je ne veux être heureux aux dépens de personne, et encore moins aux dépens de votre fils.

THÉODORE (*lui tend la main*)

O mon frère, combien je dois t'aimer!

M. DE VALCOURT

Eh bien! qu'il reste dans sa pension. Pour toi, tu ne me quitteras plus. Je veux toujours t'avoir auprès de moi. Je te ferai plutôt venir des maitres de toute espèce. (*Frédéric lui baise la main.*)

PÉTREL (*lui baisant le pan de son habit*)

Mon digne maitre, vous êtes toujours le même!

M. DE VALCOURT (*lui frappant sur l'épaule*)

Pétrel, as-tu pris des engagements avec M. de Vienne?

PÉTREL

Non! je n'avais pas mon certificat.

M. DE VALCOURT

Tu n'en auras plus besoin. Je sens que je vous

rendrai heureux, Frédéric et toi, en vous remettant ensemble. Mais ne lui laisse plus prendre ta place sur ton siége. On pourvoira aussi à tes enfants.

PÉTREL (*se met à sangloter et à crier*)

Mon cher maître !... c'est-il bien vrai ? mes enfants !... Ah ! je vais revoir mes pauvres chevaux !

FIN

LES QUATRE SAISONS

LES

QUATRE SAISONS

Ah ! si l'hiver pouvait durer toujours ! disait le petit Fleuri au retour d'une course de traîneaux, en s'amusant dans le jardin à former des hommes de neige. M. Gombault, son père, l'entendit, et lui dit : Mon fils, tu me ferais plaisir d'écrire ce souhait sur mes tablettes. Fleuri l'écrivit d'une main tremblotante de froid.

L'hiver s'écoula, et le printemps survint.

Fleuri se promenait avec son père le long d'une plate-bande, où fleurissaient des jacinthes, des auricules et des narcisses. Il était transporté de joie en respirant leur parfum, et en admirant leur fraîcheur et leur éclat. Ce sont les productions du printemps, lui dit M. Gombault : elles sont brillantes, mais d'une bien courte durée. Ah ! répondit Fleuri, si c'était toujours le printemps !

Voudrais-tu bien écrire ce souhait sur mes tablettes? Fleuri l'écrivit en tressaillant de joie.

Le printemps fut bientôt remplacé par l'été.

Fleuri, dans un beau jour, alla se promener, avec ses parents et quelques compagnons de son âge, dans un village voisin. Ils trouvaient sur la route, tantôt des blés verdoyants, qu'un vent léger faisait rouler en ondes comme une mer doucement agitée, tantôt des prairies émaillées de mille fleurs. Ils voyaient de tous côtés bondir de jeunes agneaux, et des poulains pleins de feu faire mille gambades autour de leurs mères. Ils mangèrent des cerises, des fraises et d'autres fruits de la saison, et ils passèrent la journée entière à s'ébattre dans les champs.

— N'est-il pas vrai, Fleuri, lui dit M. Gombault en s'en retournant à la ville, que l'été a aussi ses plaisirs ?

— Oh ! répondit-il, je voudrais qu'il durât toute l'année ! — Et, à la prière de son père, il écrivit encore ce souhait sur ses tablettes.

Enfin l'automne arriva.

Toute la famille alla passer un jour en vendanges : il ne faisait pas tout à fait si chaud que dans l'été ; l'air était doux et le ciel serein ; les ceps de vigne étaient chargés de grappes noires, ou d'un jaune d'or ; les melons rebondis, étalés sur des couches, répandaient une odeur délicieuse ; les branches des arbres courbaient sous le poids des plus beaux fruits. Ce fut un jour de régal pour Fleuri, qui n'aimait rien tant que les raisins, les melons et les figues. Il avait encore le plaisir de les cueillir lui-même.

Ce beau temps, lui dit son père, va bientôt passer : l'hiver s'achemine à grands pas vers nous pour rappeler l'automne.

Ah ! répondit Fleuri, je voudrais bien qu'il restât en chemin, et que l'automne ne nous quittât jamais.

M. GOMBAULT. — En serais-tu bien content, Fleuri ?

FLEURI. — Oh ! très-content, mon papa ; je vous en réponds.

Mais, repartit son père en tirant ses tablettes de sa poche, regarde un peu ce qui est écrit ici. Lis tout haut.

FLEURI *lit*. « — Ah ! si l'hiver pouvait durer toujours ! »

M. GOMBAULT. — Voyons à présent quelques feuillets plus loin.

FLEURI *lit*. — « Si c'était toujours le printemps ! »

M. GOMBAULT. — Et sur ce feuillet-ci, que trouverons-nous ?

FLEURI *lit*. « Je voudrais que l'été durât toute l'année ! »

M. GOMBAULT. — Reconnais-tu la main qui a écrit tout cela ?

FLEURI. — C'est la mienne.

M GOMBAULT. — Et que viens-tu de souhaiter à l'instant même ?

FLEURI. — « Que l'hiver s'arrêtât en chemin, et » que l'automne ne nous quittât jamais. »

M. GOMBAULT. — Voilà qui est assez singulier. Dans l'hiver, tu souhaitais que ce fût toujours l'hiver ; dans le printemps, que ce fût toujours le printemps ; dans l'été, que ce fût toujours l'été ; et tu souhaites aujourd'hui, dans l'automne, que ce soit toujours l'automne. Songes-tu bien à ce qui resulte de cela?

FLEURI. — Que toutes les saisons de l'année sont bonnes.

M. GOMBAULT. — Oui, mon fils, elles sont toutes fécondes en richesses et en plaisirs ; et Dieu s'entend bien mieux que nous, esprits limités que nous sommes, à gouverner la nature.

S'il n'avait tenu qu'à toi l'hiver dernier, nous n'aurions plus eu ni printemps, ni été, ni automne. Tu aurais couvert la terre d'une neige éternelle, et tu n'aurais jamais eu d'autres plaisirs que de courir sur des traîneaux et de faire des hommes de neige De combien d'autres jouissances n'aurais-tu pas été privé par cet arrangement !

Nous sommes heureux de ce qu'il n'est pas en notre pouvoir de régler le cours de la nature.

FIN.

www.ingramcontent.com/pod-product-compliance
Lightning Source LLC
LaVergne TN
LVHW021805170726
843503LV00007B/3027